Peter Gitzinger · Linus Höke · Roger Schmelzer

**Die wundersame Welt
der Männer im Ruhestand**

Peter Gitzinger · Linus Höke · Roger Schmelzer

# DIE WUNDERSAME WELT

## DER Männer

## im Ruhestand

Mit Illustrationen von Charlotte Wagner

LAPPAN

# VORWORT

*Vorab eine kleine Bitte der Autoren. Sollten*
*Sie bereits in den Ruhestand getreten sein, so*
*legen Sie dieses Buch für einen Moment zur*
*Seite, lernen Koreanisch, nehmen die Lektüre*
*wieder zur Hand, übersetzen, was Sie lesen,*
*und schicken uns die Übersetzung bitte in einem*
*ausreichend frankierten Umschlag zu. Damit*
*tun Sie Ihren Leidensgenossen in Korea einen*
*Gefallen, Sie verbringen Ihre Zeit mal mit etwas*
*Sinnvollem, und wir sparen den Übersetzer.* [*]
*Eine Win-Win-Win-Situation. Und alleine dafür*
*hat sich Ihr Ruhestand doch schon gelohnt!*
*Für diejenigen Leser, die kurz davor stehen,*
*in den Ruhestand zu treten, die aber wegen*
*Job, Familie und Freundin noch keine Zeit*
*finden, etwas zu lesen, was die Länge eines*

---

[*] Ja, auch in Nordkorea gibt es immer wieder Männer, die eigentlich längst in den Ruhestand gehören, aber aus Angst vor Langeweile, oder weil sie nicht wissen, was sie mit der Zeit anfangen sollen, auf so komische Ideen kommen wie „Krieg spielen" oder „Volk unterdrücken". Das muss nicht sein!

*Twittereintrags übersteigt, folgt hier eine an*
*ihre Lesegewohnheiten angepasste Fassung des*
*vorliegenden Werkes:*

#RUHESTAND: FAQ Ruhestand for Newbies:
LOL. Q&A: ROFLMAO. EOD & RDFM!
*Der Rest kann einfach hier weiterlesen …*

# ▮▮▮▮ INHALT ▮▮▮▮▮▮▮▮▮▮▮▮

# Wie werde ich ein moderner aktiver Ruheständler?

Früher war alles einfach: Opa hatte sein Leben lang hart geschuftet, und wenn er in Rente ging, sagte er: „Leute, ich bin platt. Bleibt mir von der Pelle!" Von da an stellte er a) jede Form von Anstrengung und b) jede Form zwischenmenschlicher Kommunikation ein und zog sich mit einer Flasche Bier auf eine Bank im Garten zurück, wo er – als eine Art menschliches Ziermöbel – die letzten Jahre seines Lebens vor sich hindämmerte.

Heute aber steht der unbedarfte Neu-Rentner vor gewaltigen physischen und sozialen Herausforderungen: Man erwartet von ihm ständige Mobilität, freudige Aufopferung im Dienste der Enkelkinder und das begeisterte Erlernen neuer Fähigkeiten. Inzwischen weichen immer mehr Rentner in vergleichsweise stressfreie Nischen aus und jobben als Rohrreiniger auf Polarmeer-Bohrinseln oder als Schürfer in namibischen Uranminen.

Alle, die effektivere Varianten der Stressvermeidung bevorzugen, beschäftigt die bohrende Frage: Wie werde ich ein moderner aktiver Ruheständler – ohne aktiv zu sein?

Die Antwort: Sie tun nur so als ob. Wenden Sie dieselben Strategien an, mit denen Sie früher Ihren Chef übers Ohr gehauen haben: Täuschen und Tricksen. Wichtig ist nicht, dass Sie etwas tun, wichtig ist, dass Sie darüber *reden* – ganz wie früher im Job. Wir wollen das an einigen praktischen Beispielen demonstrieren:

## STRESSFAKTOR 1: HEIMWERKEN

Jahrzehntelang haben Sie bei jeder sich bietenden Gelegenheit getönt, dass Steuerberater nicht ihr Traumjob war – eigentlich hätten Sie viel lieber was mit den Händen gemacht. Was mit Holz, das wär's gewesen. Und das holt Sie jetzt ein: Ihre Kumpels haben Ihnen zur Rente einen Blaumann und jede Menge Werkzeug geschenkt. Und nun stehen Sie in Ihrem neu eingerichteten Hobbykeller, schauen sich um, und Ihnen wird klar: Nur ein komplett Wahnsinniger würde Tag für Tag hinunter in dieses schlecht belüftete Kabuff stapfen, um für sein Enkelkind ein albernes Holzauto zu stümpern, das einem bei Toys'R'Us für acht Euro nachgeworfen wird. Sie wollen nur raus aus diesem Loch, zurück in Ihren gemütlichen Sessel im Wohnzimmer. Was jetzt?

Ganz einfach: Wenden Sie unsere Potemkinsches-Dorf-Strategie an: Googlen Sie ein bisschen, lernen Sie ein paar schicke Fachbegriffe auswendig, zum Beispiel

„Zweiflügel-Tellermutter" oder „Keil-Schal-Zwinge",
und dann ziehen Sie los und verblüffen einen Obi-
Verkäufer. Bauen Sie Kontakt zu ihm auf! Verwickeln
Sie ihn in Gespräche, vor allem über Ihre fiktiven Pro-
jekte – Hauptsache, er behält Ihren Namen. Und dann
bringen Sie eines Tages – ganz zufällig – einen Ihrer
Kumpels mit und lassen ihn Zeuge Ihrer Fachsimpelei
werden. Irgendwann wird zwangsläufig ein Satz wie
der folgende fallen: „Ach, übrigens, die Spezial-Fuß-
pfetten und der Getriebe-Exzenterschleifer, nach denen Sie neulich gefragt haben, kommen nächste Woche
rein. Dann können Sie endlich Ihren Dachboden weiter
abdichten!"

Jetzt haben Sie gewonnen! Ihr Ruf als Profi-Heimwerker wird sich in Kürze in Ihrem gesamten Freundeskreis verbreiten, während Sie das tun, wofür Sie in Wirklichkeit geschaffen sind: den Sportteil Ihrer Tageszeitung durchblättern.

## STRESSFAKTOR 2: SPORT

Ihr Leben lang haben Sie sich erfolgreich vor körperlicher Anstrengung gedrückt. Sie haben das nur ein einziges Mal bereut, als damals die Serie *Baywatch* anlief und Sie einige lustvolle Wochen lang von einem physisch ausgefüllten Leben als Rettungsschwimmer in Malibu fantasierten.

Da diese liebevoll-entspannte Einstellung zu Ihrem Körper sich über viele Jahre bewährt hat, sehen Sie keinen Anlass zu einer Änderung. Aber nun plötzlich finden Sie sich von Sportskanonen umzingelt. Ihre Freunde verbringen ihre Zeit mit absurden Beschäftigungen wie alpinem Bergwandern, Spinning-Kursen und Lacrosse, und Ihr alter Kumpel Hanno, früher ein eingeschworener Couch-Potato, trainiert für die Teilnahme an der Deutschen Senioren-Meisterschaft im Triathlon. Auch Ihre Frau hat wie zufällig ein Anmeldeformular fürs Partner-Yoga auf dem Wohnzimmertisch liegenlassen. Es wird höchste Zeit, etwas zu tun – sonst wird man Sie am Ende für den Sesselpupser halten, der Sie sind.

Auch hier hilft Ihnen nur ein geschickt eingefädeltes Täuschungsmanöver. Dafür müssen Sie zunächst einmal das ultimative Opfer bringen: Ihren Partykeller. Wandeln Sie ihn in ein Fitness-Center um. Kaufen Sie hierfür nur die billigsten Geräte – denn Sie werden sie nie benutzen.

Wenn Sie damit fertig sind, fehlen noch die beiden wichtigsten Hilfsmittel: ein geschlossener Kopfhörer und die CD *Burn my Eyes* der Trash-Metal Band Machine Head. Erklären Sie Ihrer Frau, dass diese Musik Sie anfeuert, und ziehen Sie sich dann jeden Tag eine Stunde in Ihren Fitness-Keller zurück, wo Sie gemütlich, geschützt durch den Kopfhörer, den Sportteil Ihrer Tageszeitung durchblättern können, in der Sicherheit, dass Ihre Gattin sich nicht einmal in die

Nähe dieses infernalischen Lärms wagen wird. Engagieren Sie außerdem einen Sportstudenten, der Ihnen Ihre Sportklamotten durchschwitzt – das gibt Ihnen nebenbei das gute Gefühl, den akademischen Nachwuchs zu unterstützen.

Und beim nächsten Grillabend führen Sie Ihre Freunde in Ihre „Folterkammer" – der Geruch der alten Turnschuhe, die sie strategisch in den Ecken versteckt haben, wird automatisch das richtige Turnhallen-Feeling aufkommen lassen.

Ganz klar: So kann nur ein echter Sportler stinken.

## STRESSFAKTOR 3: REISEN

Jahrzehntelang sind Sie jeden Morgen in Ihren Wagen gestiegen und kilometerweit zur Arbeit gezuckelt – und abends zurück. Vermutlich sind Sie dabei mehrmals um den Erdball gereist, Sie würden es genau ausrechnen – wenn Sie nicht viel zu erschöpft dazu wären. Ja, Sie brauchen Ruhe.

Doch die Ansichtskarten, die Ihnen Ihre ehemaligen Kollegen von den Osterinseln, aus dem äthiopischen Hochland und der chilenischen Atacamawüste schicken, belegen: Sie drohen hoffnungslos ins Hintertreffen zu geraten und als unverbesserlicher Stubenhocker zu gelten, wenn Sie nicht bald aktiv werden.

Hier müssen Sie schon stärkere Geschütze auffahren. Unser Tipp: Werden Sie krank, am besten chronisch. Viele Unpässlichkeiten vertragen sich zum Glück ganz und gar nicht mit Flugreisen, zum Beispiel diverse Lungenkrankheiten. Falls Sie also schon Raucher sind, erhöhen Sie das Pensum, und falls Sie unbedachterweise bislang Tabak verschmäht haben: Jetzt ist es höchste Zeit durchzustarten. Beginnen Sie mit zwei Schachteln Roth Händle ohne Filter am Tag, steigern Sie sich nach ein paar Wochen auf drei, dann vier Päckchen. Alternativ können Sie sich eine schwere Blutanämie, eine Sichelzellenkrankheit, eine schizoaffektive Psychose mit Ausbrüchen von Gewalttätigkeit oder eine gefährliche Thrombose zulegen. Oder aber Sie werden hochschwanger (was sich jedoch als schwierig erweisen könnte: Erstens sind Sie keine Frau, und zweitens treten selbst bei Frauen chronische Schwangerschaften nur in den seltensten Fällen auf).

Wenn das geschafft ist, legen Sie los und planen Ihre Entdeckungsreisen. Ihrer Abenteuerlust sind keine Grenzen gesetzt – Hauptsache, Sie lassen Ihre Freunde an Ihren Planungen teilhaben. Umso mehr wird man mit Ihnen leiden, wenn Sie mit tränenerstickter Stimme offenbaren, dass die Expedition in den Dschungel Kambodschas Ihrer zerrütteten Gesundheit zum Opfer fällt – und Ihren Abenteurergeist bewundern, wenn Sie sich zum Brötchenholen aus dem Haus schleppen.

Ein weiterer Vorteil: Ihre geschwächte Konstitution wird es Ihnen auch ermöglichen, den …

zu minimieren.

Während Ihre Freunde mit der Nachkommenschaft zu aufreibenden Tagestouren nach Fort Fun oder Euro Disney aufbrechen, bei denen sie sich finanziell und nervlich dem endgültigen Ruin nähern, lehnen Sie sich zurück und tun etwas für Ihre Gesundheit – zum Beispiel den Sportteil der Tageszeitung durchblättern.

Wenn Ihr Enkel um die Ecke biegt, damit Sie mit ihm in den nächsten sechs Stunden ein *Krieg der Sterne*-Raumschiff von Lego zusammenbauen, zeigen Sie Begeisterung. Aber dann überzeugen Sie ihn durch einen mehrminütigen Krampfhustenanfall, den Sie nur knapp überleben, dass es nur einen Ort gibt, an dem er vor Ansteckung und einem qualvollen Hinsiechen sicher ist: nämlich überall dort, wo *Sie* nicht sind.

Wenn Sie all unsere Tipps beherzigen, erwartet Sie ein erfülltes, aktives Rentnerdasein, ohne dass Sie jemals Ihr Haus verlassen müssten. Schnappen Sie sich eine Flasche Bier und den Sportteil Ihrer Tageszeitung – die Bank im Garten wartet schon auf Sie!

# LEXIKON

**DER MÄNNLICHE RUHESTAND.** Eintrittsalter unterschiedlich. Frauen sagen gerne, dass der männliche Ruhestand bereits im Alter von 40 einsetzt. Das ist natürlich Quatsch. Der hier angesprochene Ruhestand korreliert naturgemäß direkt mit dem Alter der Frau. Eine Tatsache, die gerne übersehen wird. Von den Frauen.

Im Allgemeinen ist mit dem männlichen Ruhestand auch eher das Beenden der beruflichen Tätigkeit gemeint, sei es nun vorübergehend (arbeitslos), dauerhaft (dauerarbeitslos) oder final (Rente, Tod).

**VORTEIL**: viel Zeit, man kann über sein Leben nachdenken (außer bei Tod).

**NACHTEIL**: viel Zeit, man kann über sein Leben nachdenken (außer bei Tod).

**BESONDERE FORM DES MÄNNLICHEN RUHESTANDS**: Anhänger radikalislamistischer Bewegungen beginnen ihren Ruhestand gerne mal mit einem großen Knall. Der unmittelbar folgende finale Ruhestand ist allerdings nur eingeschränkt als solcher zu verstehen. Immerhin warten jetzt 72 Jungfrauen auf den frischgebackenen Pensionär.

**DAUER DES RUHESTANDES**: Den im Vergleich zum Arbeitsleben mit Abstand längsten Ruhestand hat der liebe Gott (sechs Tage Arbeit – ewiger Ruhestand), dicht gefolgt von Profi-Radrennsportlern und Bundespräsidenten.

# DIE GRÖSSTEN
# Horrorvorstellungen
## FÜR RENTNER

*Wir stellen uns Rentner gerne als glückliche, rüstige Männer vor, die ihre letzten Lebensjahre in vollen Zügen genießen können. In Wirklichkeit sind viele Rentner gequälte, bemitleidenswerte und von ihrem Lebensabend gebeutelte Kreaturen. Und das liegt daran, dass einige ihrer größten Horrorvorstellungen Wirklichkeit geworden sind. Zum Beispiel diese hier:*

☠ Auf Ihrer ersten Rentenabrechnung sehen Sie, dass die Riester-Rente sich tatsächlich als das erwiesen hat, was sie ist: eine gigantische Abzocke der Versicherungs- und Finanzindustrie. Oder wie lässt sich sonst das seltsame Phänomen erklären, dass Sie zwar bis zu Ihrem 65. Lebensjahr 200 Euro monatlich eingezahlt haben, aber nach Abzug der Bearbeitungs-, Verwaltungs- und Depotgebühren nur eine monatliche Rente von exakt 4,32 Euro pro Monat ausgezahlt bekommen? Dies entspricht einer Rendite von minus 97,84%. Da ist selbst das Füttern einer Parkuhr in der Kölner Innenstadt eine bessere Geldanlage.

☠ Ihre Frau lebt genau so lange wie Sie.

☠ Der fiese, streitsüchtige, unausstehliche Nachbar, gegen den Sie vor Jahren eine Prozesslawine losgetreten haben, zieht weg. Jetzt macht Ihr Leben keinen Sinn mehr. Zumal Sie alle anderen Nachbarn bereits vorher wegprozessiert haben.

Ballonseide, Sandalen und weiße Socken werden plötzlich der letzte modische Schrei – und Sie damit zum Sexsymbol. Ihr Traum, dass die Frauen Sie als typisch deutschen Rentner endlich in Ruhe lassen, hat sich mit einem Schlag in Luft aufgelöst.

Sie wollen mit dem Treppenlift in den ersten Stock Ihres Hauses fahren. Da Sie das Teil frisiert haben, schießen Sie über das Ziel hinaus. Durch einen technischen Defekt wird Ihr Sitz urplötzlich auf 220 km/h beschleunigt und Sie mitsamt Sitz durch das offene Fenster im Treppenhaus geschleudert. Glück für Sie, dass das Fenster offen war. Pech für Sie, dass Sie es eine Woche vorher gegen Einbrecher vergittert haben …

Das ZDF stellt seinen Sendebetrieb ein – mitsamt seinen Serien „Wilsberg" (seit 1995), „SOKO 5113" (seit 1978) und „Der Alte" (seit 1977) – und sendet auch keine Wiederholungen. Jetzt muss man zur jungen ARD wechseln, wo nur moderner Scheiß läuft wie „Tatort"!!!

Sie hauen nachts einen jungen Radfahrer mit dem Regenschirm von seinem Drahtesel und machen ihn darauf aufmerksam, dass sein Rücklicht nicht funktioniert. Danach gehen Sie nahtlos in ein lautstarkes Lamento über den allgemeinen Verfall der Sitten und die Verwahrlosung der Jugend über. Zu Ihrer grenzenlosen Überraschung entschuldigt sich der junge Mann für sein Verhalten und gelobt freundlich Besserung – anstatt sich mit Ihnen anzulegen! So macht Rentner sein keinen Spaß!

# Abschiedsrede eines Arbeitnehmers –

## WAS WIRKLICH GEMEINT IST ...

**W**ir alle kennen die Situation: Der alte Knacker aus dem Büro hinten links am Gang feiert seinen letzten Arbeitstag. Der hasserfüllte Blick, mit dem er durch den Flur geschlichen ist (nur wenn ein Verlassen des Büros unvermeidlich war), das widerwillig herausgeknurrte „Mahlzeit", die hartnäckig verschlossene Bürotür, all dies hat den Eindruck erweckt: Dieser Mann erlebt hier gerade die schlimmsten dreißig Jahre seines Lebens.

Doch dann hält er seine Abschiedsrede – und erweist sich zu Ihrem Erstaunen als echter Sonnenschein, als warmherziger Philanthrop, der mit blutendem Herzen erdulden muss, dass er aus seinem geliebten Umfeld gerissen wird, weg von den Menschen, die er über alles schätzt und mag.

Aber lassen Sie sich nicht täuschen, die Wahrheit sieht anders aus: Ihr Kollege mag Sie oder Ihre Kollegen tatsächlich nicht. Er kommt einfach aus einer Zeit, in der man noch höflich war. Oder anders ausgedrückt: schamlos gelogen hat.

Wir haben uns die Mühe gemacht, eine typische Abschiedsrede zu übersetzen:

„Unglaublich – Sie sind wirklich alle zu meinem Abschied gekommen! Die ganze Abteilung ...“

Unglaublich – so viele Leute arbeiten hier?! Gut, dass ich nie aus meinem Büro rausgekommen bin, sonst hätte ich noch mit
einer dieser Knalltüten reden müssen.

„... Ich entdecke hier viele liebe, vertraute Gesichter ...“

Scheiße, ist das da hinten nicht der Typ aus der Versandabteilung? Ich dachte, den Vollkretin hätten die schon vor Jahren gefeuert. Warum sonst hab ich den beim Chef angeschwärzt?

„... aber auch einige frische, neue, die für die glänzende Zukunft dieser Firma stehen ...“

Zum Beispiel die leckere Praktikantin da vorn. Blond, eifrig, vermutlich mit Vaterkomplex – wenn man dich Schnuckel zu mir ins Büro gesetzt hätte, hätte ich glatt noch zwei Jahre drangehängt.

„... Mein Berufsweg war hart, aber ich hab mich immer wieder aufgerichtet und meinen Mann gestanden ...“

Gott, was red ich da für einen Schwachsinn – hart, aufgerichtet, gestanden?? ... Ah ja, die Praktikantin. Muss unbedingt woanders hinschauen.

*„... Der Abschied fällt natürlich schwer. Dieser Beruf hat mir unglaublich viel gegeben ..."*

*Vor allem, seit ich rausgefunden habe, dass keiner von euch Schwachmaten die Handkasse überwacht.*

*„... Entschuldigt, ich kann nicht weiterreden. Aber ich schäme mich meiner Tränen nicht ..."*

*... die ich vergieße, weil ich fünf Euro rausgeschmissen habe für die zwei Flaschen Billig-Spumante. Selbst das ist für euch Schmeißfliegen zu viel.*

*„... Nun trinkt und haut rein, Kollegen. Keine Angst: Von einem kleinen Mettbrötchen wird man nicht dick ..."*

*Im Gegenteil – wenn eure Lebensmittelvergiftung abgeklungen ist, seid ihr mindestens drei, vier Kilos los. Ich meine: Dass mein Billigmetzger nächste Woche Hauptangeklagter bei einem Gammelfleisch-Prozess ist, ist doch noch lange kein Grund, ihm nicht zu vertrauen, oder?*

Sie sehen, all die freundlichen Worte waren einfach nur Täuschung. Hinter der Fassade: nur Hass und Verachtung. Ein Glück, dass man wenigstens den Worten Ihres Chefs in seiner Antwortrede blind Glauben schenken kann.

Chef: „Was für eine wunderbare Rede. Wir verlieren einen Kollegen ... ach, was sage ich: einen Freund. Lassen Sie uns alle auf ihn anstoßen!"

Typisch für den alten Saftsack – schleimt selbst an seinem letzten Tag hier noch rum. Wenn der sich noch mal hier blicken lässt, knall ich ihn über den Haufen!

# WIE VERHALTE ICH MICH RICHTIG IM RESTAURANT?

**A**ls Rentner hat man eine Menge Freiheiten, aber natürlich auch einige Pflichten. Eine der wichtigsten ist, dem gängigen Klischee des deutschen Rentners zu entsprechen. Damit wird Ihr Verhalten für Ihre Mitmenschen angenehm vorhersehbar, und man kann sich richtig schön über Sie aufregen. Als verantwortungsvoller Senior sollten Sie den Menschen um Sie herum diese Freude nicht nehmen. Wir erklären Ihnen, wie Sie dabei am besten vorgehen, zum Beispiel bei einem Restaurantbesuch.

1. Verzichten Sie auf eine telefonische Tischreservierung, auch wenn Ihre Frau Sie darum bitten sollte. Erklären Sie ihr (und später auch dem Ober und den Gästen an den anderen Tischen), dass Sie das noch nie getan haben und trotzdem immer etwas zu essen bekommen haben – deshalb würden Sie jetzt auch nicht daran denken, mit solchen Sperenzchen anzufangen.

2. Bei Betreten des Restaurants weisen Sie den Ober auf die freien Tische hin. Sollte dieser die auf den Tischen platzierten „Reserviert"-Schilder erwähnen, schnauben Sie verächtlich. Erläutern

Sie – und zwar ausführlich – dass Sie all die miesen Tricks kennen, mit denen man den kleinen Mann in Läden wie diesen abkassieren will. Hier gehe es ja offensichtlich um ein zusätzliches Trinkgeld. (Falls das Wort „Laden" Ihnen zu fein erscheint, verwenden Sie „Schuppen", „Kaschemme", „Fressbude" oder „Spelunke", je nach Grad der beabsichtigten Respektlosigkeit.)

3. Führen Sie nun eine mindestens fünfminütige Diskussion, um den freien Tisch am Fenster zu ergattern. Ignorieren Sie dabei die peinlich berührten Blicke Ihrer Gattin. Ganz wichtig: Beziehen Sie die übrigen Gäste mit ein, indem Sie den Satz „Unmöglich, wie man hier behandelt wird, oder?" immer wieder in die Runde sprechen.

4. Wenn Sie den Tisch am Fenster endlich bekommen haben, setzen Sie sich, rutschen einige Sekunden lang mit finsterer Miene auf Ihrem Stuhl hin und her und erheben sich dann gleich wieder. Schütteln Sie den Kopf und klären Sie Ihre Gattin (und die umsitzenden Gäste) auf: „Hab ich mir gleich gedacht. Hier zieht's!"

5. Winken Sie den Ober mit einer herrischen Geste zu sich. Ignorieren Sie dessen zunehmend verzweifelten Gesichtsausdruck und fordern Sie ultimativ, endlich einen vernünftigen Tisch zu bekommen. Anmerkung: Sollte der Ober einen Migrationshintergrund aufweisen, empfehlen sich an dieser Stelle rassistische Verweise darauf, wie man früher mit „diesen Bageluffen" in so einer Situation verfahren wäre.

**6.** Wiederholen Sie Punkt 2. bis 5. mehrmals, und probieren Sie sämtliche reservierten Tische durch (inklusive einer Acht-Personen-Tafel, die Sie kurzerhand für sich und Ihre Gattin reklamieren). Die Tische liegen allerdings zu nah am WC, zu nah an der Küche, zu nah am Weg der Kellner, zu nah am Eingang, zu viel Krach vom Nachbartisch, zu sehr im Düsteren, zu sehr im Hellen, zu sehr in der Raummitte – die penible Akkuratesse, die Sie bei der Platzwahl an den Tag legen, sollte jeden Feng-Shui-Meister in den Schatten stellen.

**7.** Wenn Sie bemerken, dass die Stimme des Obers zittert und er offensichtlich kurz vor einem Tränenausbruch steht, entscheiden Sie sich – und zwar für den Tisch am Fenster, an dem Sie zuerst gesessen haben.

**8.** Wenn der Ober mit den Speisekarten kommt, grunzen Sie ein unwilliges „Na endlich" in seine Richtung und machen so unmissverständlich klar, dass eine neunzigsekündige Wartezeit für Sie absolut inakzeptabel ist. Bei der nachfolgenden Bestellung verfallen Sie in dauerhaftes Schweigen. Erst wenn die Stille unerträglich wird, pressen Sie die Frage „Lese ich das richtig, guter Mann? Hier gibt es *kein* Wiener Schnitzel?!" hervor.
Sollte der Ober daraufhin anmerken, dass dies ein arabisches Spezialitätenrestaurant sei, bleiben Sie unbeeindruckt und merken an, dass dies immer noch kein Grund sei, kein Schnitzel auf der Speisekarte zu führen.

**9.** Lassen Sie sich nun sämtliche Gerichte erläutern, und zwar mehrmals. Wiederholen Sie diese Erklärungen Ihrer Gattin gegenüber, als habe diese nicht mithören können. Schicken Sie den Ober dann erst einmal wieder weg, weil Sie noch Zeit zum Überlegen brauchen.

**10.** Wenn das Essen serviert wird, begrüßen Sie den Ober mit einem hämischen „Mann, mussten die das Tier erst schlachten?", und prusten Sie dann laut los. Wiederholen Sie dann diese originelle Bemerkung noch einmal laut in Richtung der Nachbartische und sehen sich beifallheischend um.

11. Nehmen Sie nun einen Bissen, spucken Sie ihn aus, winken den Ober wieder zu sich und lassen das Essen wieder in die Küche zurückgehen: „Schöne Grüße in die Küche. Die sollen den Kram noch mal schön in die Mikrowelle stellen. Das hier ist bestenfalls lauwarm."

12. Wenn Ihr Essen, das nun von Hitzeschwaden umweht wird, wieder zurückkommt, nehmen Sie sofort wieder einen Bissen, spucken ihn wieder aus und schreien laut auf. Erklären Sie dem besorgt blickenden Ober, dass es gesundheitsgefährdend ist, Speisen anzubieten, deren Temperatur bei über 300 Grad liegt. Zitieren Sie aus juristischer Fachliteratur, die Sie sich für Anlässe wie diesen einverleibt haben, und drohen Sie mit einer Schmerzensgeldklage.

13. Wenn die Rechnung kommt, schauen Sie genau hin und rechnen nach. Monieren Sie den Preis für den Wein und lassen sich noch einmal die Speisekarte bringen, um die Richtigkeit der Angaben zu bestätigen. Dann bezahlen Sie schließlich und geben dabei Trinkgeld: Wenn die Summe z. B. 41, 25 Euro beträgt, runden Sie auf – auf 41,50 Euro.

14. Beim Rausgehen sagen Sie zu Ihrer Gattin: „Eigentlich ein ganz nettes Restaurant."

# DIE KLEINE KOCHSCHULE
## für Alleinstehende

Bis zu Ihrer Pensionierung waren Sie es gewohnt, Ihr Essen in der Betriebskantine zu sich zu nehmen. Am Wochenende gingen Sie vielleicht in ein kleines Restaurant oder bemühten den Pizza-Bringdienst. Jetzt, mit Erreichen des Rentenalters, haben Sie plötzlich Zeit, sich auch selber etwas zuzubereiten. Doch damit fühlen sich viele Pensionäre überfordert. Unsere kleine Kochschule nimmt Ihnen die Angst vor der Küche und bringt willkommene Abwechslung in Ihren Speiseplan.

## REZEPT 1:
## GEKOCHTES EI

Zunächst bringen Sie einen halben Liter *Wasser* zum Kochen. Wasser kennen Sie. Es handelt sich dabei um die Flüssigkeit, mit der Sie jeden Samstag Ihr Auto waschen.

Wasser ist multifunktional. Man kann es zum Duschen benutzen, zum Putzen (ähnlich wie Duschen, nur dass man den Boden schrubbt und nicht die Haut) oder sogar zum Kochen. Erweist sich das Erhitzen des Wassers als überraschend mühsam, empfiehlt es sich, das Wasser zu diesem Zweck vorher in einen *Topf* zu füllen. Töpfe nennt man die runden metallenen Gefäße, die Sie in Ihrem Küchenschrank haben und die aussehen wie Kolben aus einem hubraumstarken Traktormotor.

Sollte das Wasser trotz Verwendung eines passenden Topfes nach einer halben Stunde immer noch kalt sein, haben Sie entweder den Herd nicht eingeschaltet oder Sie haben den Topf auf Ihre Waschmaschine gestellt. Zur Unterscheidung: *Herd* ist das weiße Gerät mit den vier schwarzen, runden Dingern obendrauf (Profis sagen „Kochplatten" dazu). *Waschmaschine* hingegen ist das weiße Gerät mit der Glastür, hinter der auf magische Weise schmutzige Socken ihren unangenehmen Geruch verlieren, wenn man mit dem Gerät umzugehen weiß. Doch zurück zu unserem Vorhaben, Ihren Gaumen mit einem selbst zubereiteten schmackhaften Gericht zu verwöhnen. Bringen Sie also das Wasser auf dem Herd zum Kochen. Welche Platte Sie dazu aussuchen, ist egal. Und falls Sie sich fragen, warum Ihr Herd vier Platten hat, obwohl Sie doch nur einer sind: Es gibt Sonderfälle, in denen man zwei, manchmal drei, gar vier (!) Gerichte gleichzeitig auf einem Herd erhitzen muss. Wie stellt man nun fest, ob Wasser wirklich kocht? Probates Mittel: die Fingerprobe. Halten Sie Ihren Finger ins Wasser. Löst

sich nach kurzer Zeit die Haut vom Finger, stimmt die Temperatur. Gratulation! Den ersten Schritt haben Sie mit Bravour bewältigt.

Jetzt ist Eile geboten, denn kochendes Wasser hat die Eigenschaft, sich in Dampf zu verflüchtigen, und dann war die ganze Mühe bis hierhin umsonst. Kommen wir also schnell zur zweiten und letzten Zutat für Ihr kleines Schlemmer-Menü. Dem Ei. Eier findet man in der Küche in der Regel im *Kühlschrank*. Der Kühlschrank ist das weiße Gerät, in dem Sie Ihr Bier aufbewahren. Sollte sich in Ihrem Kühlschrank kein Ei befinden, bitten Sie einen guten Bekannten, für Sie ein Ei zu kaufen. (Hintergrund: Eine Anleitung, wo und wie man ein Ei kauft, würde den Rahmen dieser kleinen Kochschule deutlich sprengen.)

Gehen wir also davon aus, Sie besitzen ein Ei. Wichtig ist, dass es sich dabei auch um ein frisches Ei handelt. Um dies zu prüfen, zerstören Sie das Ei mit einem Hammer und riechen an dem, was im Ei war. Erinnert Sie der Geruch an den muffigen Geruch, der aus Ihrer Waschmaschine strömt, war das Ei zu alt. Riecht es hingegen neutral, hätten Sie es verwenden können. Wie auch immer: Bitten Sie Ihren Bekannten nun, Ihnen ein zweites Ei zu besorgen. Und schon geht's los: Das Ei muss jetzt in das kochende Wasser verbracht werden. Achtung! Nicht werfen, sondern vorsichtig mit einem Löffel (falls nicht zur Hand, geht auch eine Rohrzange) im kochenden Wasser versenken. Jetzt haben Sie es fast geschafft! Nach fünf Minuten nehmen Sie das Ei wieder aus dem Wasser – fertig! Chapeau! Sie haben Ihr erstes Ei gekocht! Guten Appetit!

## REZEPT 2, FÜR FORTGESCHRITTENE: ZWEI GEKOCHTE EIER

Sie denken bestimmt: „Uiuiui!! Jetzt wird's aber schwierig! Das schaff ich nie!" Doch keine Angst. Für die Zubereitung von zwei Eiern benötigen Sie weder zwei Küchen noch zwei Herde. Ja, Sie werden sogar mit nur einem Topf auskommen! Zauberei? Nein. Folgen Sie einfach der Anleitung in Rezept eins und ersetzen die Rezeptangabe „ein Ei" durch die Angabe „zwei Eier". Fertig! Und? Haben wir den Bocuse in Ihnen geweckt? Dann sind Sie bereit für das folgende Rezept.

## REZEPT 3, FÜR ERFAHRENE: RÜHREI

Das Rührei stellt sozusagen die Krönung Ihrer selbst kreierten Speisekarte dar. Und seine Zubereitung ist sicherlich auch für versierte Hobbyköche, wie Sie es nun sind, eine Herausforderung. Gravierender Unterschied zwischen Rührei und Kochei: Das Rührei wird nicht gekocht. Wir können also auf den nervenaufreibenden Einsatz von Wasser und Topf verzichten. Stattdessen kommt nun die *Bratpfanne* zum Zug. Die Bratpfanne ist DAS Männerkochwerkzeug schlechthin! Viele Gerichte lassen sich mit ihr zubereiten: Rührei, zwei Rühreier, drei Rühreier – die Möglichkeiten sind nahezu unbegrenzt!

Erhitzen Sie zunächst die Bratpfanne auf dem Herd. Prüfen Sie mit einer Variante der Fingerprobe, ob der Pfannenboden heiß ist: Bleibt der Finger kleben, braucht es noch etwas an Temperatur. Löst sich der Finger jedoch direkt wieder und bildet eine knusprige Kruste, ist die Pfanne heiß genug. Jetzt wird's knifflig: Denn nun müssen Sie das Innere des Eis von der Schale befreien. Schlagen Sie dazu das Ei leicht auf den Pfannenrand, sodass die Schale bricht, und klappen Sie die beiden Schalenhälften auseinander. Falls Ihnen das zu kompliziert erscheint, können Sie auch Folgendes versuchen: Bohren Sie mit einer Bohrmaschine je ein kleines Loch in die schmalen Enden des Eis. Setzen Sie nun den Eikörper unter Druck, indem Sie mit einem Schlauch Pressluft aus einem Kompressor in eine der gebohrten Öffnungen leiten. Der Überdruck sorgt dafür, dass das glibberige Innere des Eis seinen Weg aus der zweiten Öffnung heraus im günstigsten Fall in die Pfanne (im weniger günstigen Fall an die Küchendecke) sucht. Geschafft! Jetzt einfach warten, bis das Rührei eine appetitliche Farbe angenommen hat.[*] Hier sind alle Schattierungen von hellbraun bis tiefschwarz möglich und letztendlich reine Geschmackssache. Schließlich müssen Sie nur noch Ihr leckeres Rührei vom Pfannenboden trennen. Je nach Bräunungsgrad benutzen Sie dazu Spachtel oder Flex – fertig. Guten Appetit!

Hinweis: Eier enthalten Cholesterin. Zuviel Cholesterin kann die Dauer Ihres Ruhestands negativ beeinflussen!

---

[*] Profis verrühren dabei das, was sich in der Pfanne befindet, um die gelben und weißen Bestandteile des Eis zu mischen. Da wir davon ausgehen, dass dies bei Ihrem Versuch, das Ei von der Schale zu befreien, bereits geschehen ist, verzichten wir hier darauf.

Schon der Volksmund sagt, dass Pensionäre lieber in einer Kneipe stecken als zu Hause in ihrer Gattin. Dieses weit verbreitete Vorurteil bekam durch die kürzlich entdeckte, lang verschollen geglaubte Urfassung der Ballade „Die Bürgschaft" des Deutschen Dichters Friedrich von Schiller leider weitere Nahrung.

# DIE BÜRGSCHAFT
(Urfassung)

Zum Trinken aus dem Hause schlich
Der Gatte, den Schirm im Gewande.
Den Plan zu vereiteln, seine Frau war imstande:
„Was wolltest du mit dem Knirpse, sprich?"
Da entgegnet finster ihr Friederich:
„In die Kneipe, die Seele von Kummer befreien!"
„Was, jetzt noch? Das sollst du im Bette bereuen!"

„Ich bin", spricht jener, „auch dazu bereit:
Zu ehelichem Liebesleben;
Doch willst du Gnade mir geben,
Ich flehe dich um drei Tage Zeit,
Dann steht auch mein Jürgen wieder bereit;
Solang nimm den Kurt doch als Bürgen –
Und versack ich, kannst du seinen Jürgen würgen."

So ging er hinfort, ganz unverdrossen
Ließ alleine zu Hause den Drachen,
Um in der Kneipe zu tränken den Rachen.
Und am dritten Tag, die Bar ist noch offen,
Hat er komplett seine Rente versoffen;
Eilt heim mit noch feuchter Kehle,
Damit er die Frist nicht verfehle.

Als die Sonne aufgeht, da steht er am Tor
Und hört schon das Liebesgebrüll.
Doch dann ist es still;
Bis des Freundes Schrei dringt an sein Ohr.
Da zertrennt er gewaltig den dichten Chor:
„Meinen Jürgen sollst du würgen!
Nicht den Jürgen meines Bürgen!"

„Zurück! Du bekommst den Freund nicht mehr!
In Verzückung unsre Körper erbeben!
Den Sex seines Lebens erfuhr Kurt grad eben.
Von Stunde zu Stunde gewartet hat er
Mit großer Angst vor Geschlechtsverkehr.
Doch konnt' ich ihm nehmen den Schiss.
Und aus Kurt wurd' ein Hengst, ganz gewiss!"

Darauf blickt er sie lange verwundert an
Und spricht: „Es ist euch gelungen,
Ihr habt meine Hormone bezwungen.
Ich fühle wieder Leben – in meinem Hahn!
So nehmt auch mich zum Genossen an.
Ich sei, gewährt mir die Bitte,
In eurem Bunde der Dritte."

# Die Alterspyramide in Deutschland

## EIN GESCHICHTLICHER ABRISS

Sie sind jetzt Rentner und wenigstens in einer Beziehung sehr weit oben angekommen: in der Alterspyramide. Die Alterspyramide gibt Aufschluss über die Verteilung der Altersgruppen in einer Gesellschaft, doch sie veränderte ihr Aussehen im Verlauf der Jahrtausende immer wieder. Auch in Deutschland.

Im Germanien der Frühsteinzeit, also um das Jahr 10.000 v. Chr. sah die Alterspyramide etwa folgendermaßen aus:

Hier müsste man eher von einem Alterstrapez sprechen. Bedingt durch die damaligen Wagnisse des Lebens (Krankheiten, Mangelernährung, Doofheit) wurde kaum ein Mensch älter als 30 Jahre. Das hatte Nachteile für den Arbeitsmarkt, aber enorme Vorteile für das Rentensystem. 30 war die absolute Schallmauer.

Überlebte man die üblichen Kinderkrankheiten, wurde man oft schon im späten Jugendalter Opfer der natürlichen Feinde des Menschen: Säbelzahntiger, Neandertaler und Tripper. Das Sternchen (\*) über dem Trapez steht für einen Ausnahmefall. Es handelt sich um den Erfinder des Holzspeeres, Uruk Heckler-Koch. Mit dieser Waffe konnte er sich seine natürlichen Feinde vom Leibe halten; der Speer war sozusagen das erste Anti-Aging-Mittel der Menschheitsgeschichte. Da er die Bauanleitung Zeit seines Lebens für sich behielt, gelang es ihm, das exorbitant hohe Alter von 35 Jahren zu erreichen. Kurz nach seinem 35. Geburtstag wurde er allerdings von einem chinesischen Homo sapiens getötet, der Heckler-Kochs Speerpatent gestohlen und sich einen Billignachbau aus Kiefernholz angefertigt hatte.

Im MITTELALTER sah das Bild in Sachen Lebenserwartung nicht großartig anders aus. Vor allem für Frauen war es nicht leicht, alt zu werden. Und das lag nicht nur an den mangelnden medizinischen Kenntnissen. Die Haupttodesursachen:

1. Im Kindsbett sterben.
2. Auf dem Acker tot unter dem Pflug zusammenbrechen.
3. Als Hexe verbrannt werden.

Wegen des letzten Punktes betrug UM DAS JAHR 1500 der Anteil rothaariger Frauen an der deutschen Gesamtbevölkerung gerade einmal 0,3%.

Die Männer hatten es da schon besser. Sie waren zwar in den ersten Jahren ihres Lebens sehr anfällig

für Krankheiten, weshalb 50% von ihnen nicht älter als zwei Jahre wurden. Hatten sie diese kritische Zeit aber überwunden, erreichten sie häufig ein Lebensalter zwischen 40 und 60. Häufigste Todesursachen in dieser Lebensphase: Kreuzzüge. Und eingerostete Rüstungen, wenn man mal gerade allein im Wald unterwegs war.

Man kann also festhalten: Wenn man den Altersdurchschnitt betrachtet, waren die Deutschen im Mittelalter ein sehr junges Volk. UM DAS JAHR 1900 waren die Menschen in Deutschland im Schnitt zwar immer noch jung, aber die Altersverteilung hatte inzwischen tatsächlich die Form einer Pyramide angenommen.

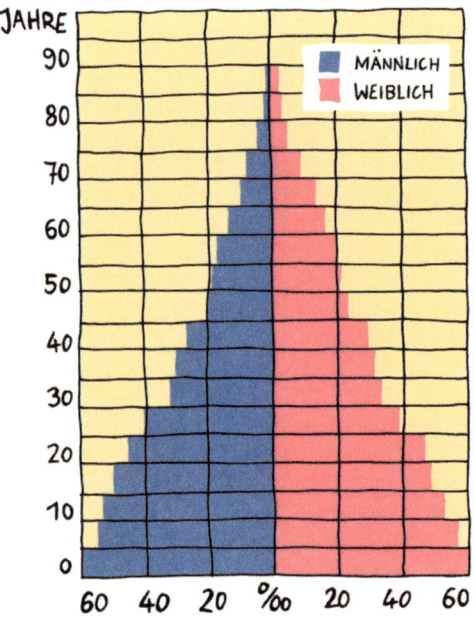

In der Spitze erreichten zwar einige wenige das Alter von 90 Jahren, aber der durchschnittliche Deutsche wurde in Zeiten der Industrialisierung nicht älter als 60.

Die Hauptgründe hierfür:

1. 16 Stunden täglich ohne Schutzkleidung in einem ungesicherten Kohlebergwerk malochen.
2. Fehlende Rußfilter in den Stahlhütten. (Feinstaub!)
3. Die kleinen Wohnungen in den Industriestädten; wer älter als 60 war, wurde wegen Platzmangels einfach entsorgt.

IM LAUFE DES 20. JAHRHUNDERTS kamen dann endlich die Segnungen des Sozialstaats den Menschen zugute. Eine breite medizinische Versorgung, niedrigere Arbeitszeiten und höhere Löhne führten dazu, dass die Lebenserwartung der Deutschen bis zum Jahr 2011 auf 78 Jahre (Männer) bzw. 83 Jahre (Frauen) anstieg. Dies hatte zur Folge, dass das Rentensystem zunehmend ins Wanken geriet und dass die sogenannte Alterspyramide IM JAHR 2011 nun aussieht wie ein explodierter Tannenbaum.

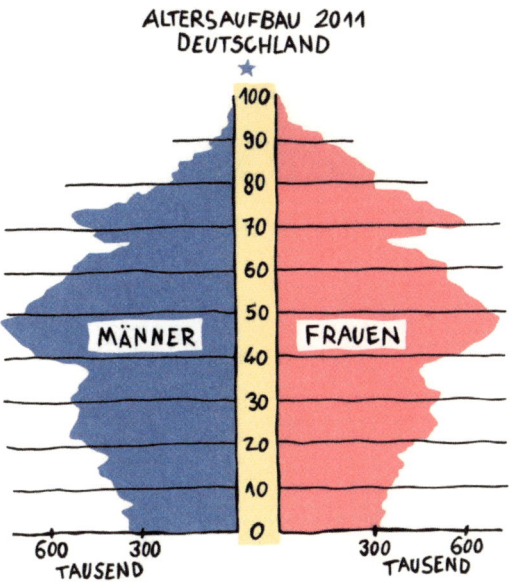

Auch hier steht das Sternchen (★) über der Pyramide für eine Ausnahme. Es handelt sich dabei aber nicht um den Erfinder eines modernen Anti-Aging-Mittels, sondern um Jopi Heesters. Der deutsche Methusalem verstarb im Jahr 2011 im Alter von 108 Jahren, obwohl er bis kurz vor seinem Tod ein passionierter Raucher war. Manche Historiker behaupten: Als Jopi Heesters mit dem Rauchen anfing, war das Feuer noch gar nicht erfunden. Diese These lässt sich jedoch nur schwer nachweisen, da aus den Anfangsjahren unserer Galaxie nur wenige wissenschaftlich fundierte Erkenntnisse vorliegen.

Man kann also zusammenfassend sagen: Wären Sie nicht im 20. Jahrhundert geboren, hätten Sie eine verdammt geringe Chance gehabt, das heutige Renteneintrittsalter von 67 Jahren zu erreichen. Einen Haken hat das Ganze aber: Sollte sich die demografische Entwicklung in Deutschland in der oben dargestellten Form fortsetzen, wird die Bevölkerungsstruktur IM JAHR 2050 folgendermaßen aussehen:

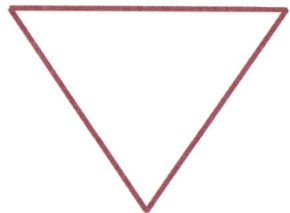

Was aussieht wie ein Vorfahrt-Achten-Schild, ist die Alterspyramide der Zukunft. Dass sie auf dem Kopf steht, erscheint auf den ersten Blick ernüchternd, aber trösten Sie sich: Immerhin ist es eine Pyramide. Und was genau sagt Ihnen diese Grafik? Ganz einfach: Im Jahr 2050 werden Sie kaum noch Babygeschrei hören, dafür aber immer häufiger das Kreischen ungeölter Rollatoren. Viel Spaß!

# Sätze, DIE SIE VON (EHRLICHEN) RENTNERN NIE HÖREN WERDEN

- *Ich bin ein alter, geiler Bock.*

- *Ich finde es gut, dass ich wegen meiner Mini-Rente zusätzlich als Straßenkehrer arbeiten muss, um über die Runden zu kommen. So bleibe ich körperlich fit. Außerdem ist es gerecht, dass ich von meiner Rente Steuern zahlen muss. Ich unterstütze den Staat, wo ich nur kann.*

- *Ich finde mein Hobby „Kronkorken aus dem 18. Jahrhundert sammeln" ein wenig skurril.*

- *Ich muss nicht zwingend jeden Samstagmorgen um sieben Uhr morgens den Rasen mähen.*

- *Ich stehe total auf die Musik von Tim Bendzko und Silbermond.*

- *Ich fühle mich von meiner Frau sexuell angezogen.*

- *Ich finde es seltsam, dass ich mit 75 noch mit einer Märklin-Eisenbahn spiele.*

- *Man kann jeder Krankheit etwas Positives abgewinnen.*

*Sorry, ich kann an diesem Triathlon nicht teilnehmen. Ich bin nicht mehr fit genug.*

*Schatzimausi, diese kleine blaue Pille, das ist Viagra. Das nehme ich, weil ich sonst keinen mehr hochkriege.*

*Es macht mir nichts aus, nachts fünfmal aufzustehen, um Pipi zu machen. Aber manchmal bin ich nicht schnell genug. Deshalb trage ich jetzt immer eine Windel.*

*Es macht mir auch überhaupt nichts aus, dass meine Kinder mich an Weihnachten nicht besuchen. Und meine Enkelkinder. Und sonst auch niemand.*

*Ja, ich schnarche nachts. Aber meiner Frau zuliebe mache ich eine Schlaftherapie.*

*Ich bin zu alt zum Autofahren.*

*Ich kann auf meinen Hobbyraum im Keller jederzeit verzichten … Jederzeit!*

*Ich find's dufte, dass meine Frau mich ins Altersheim abgeschoben hat.*

*Ich bin mit meinem Leben absolut zufrieden und finde, dass es im Prinzip nichts auf der Welt gibt, über das ich irgendetwas Negatives sagen könnte. (Ruheständler Ost)*

# Lyrik

Im Ruhestand werden die Abende zunehmend länger. Um in dieser schwierigen Phase nicht in Altersdepressionen zu verfallen, braucht gerade der männliche Ruheständler dringend etwas, womit er sich nachhaltig beschäftigen kann. Das kann auch schon mal der neue Beate-Uhse-Katalog sein, aber was Sie jetzt wirklich brauchen, ist ein Hobby. Und was liegt da im Alter näher als selbst verfasste Lyrik? Gedichte schreiben belebt den Geist und schont den gebrechlichen Körper. Was will man mehr?

In der Seniorenpädagogik hat sich seit Jahrzehnten eine Gedichtform besonders bewährt: der Limerick. Er besteht aus fünf Zeilen. Die erste beinhaltet üblicherweise die handelnde Person und endet auf einem Ortsnamen. Auf diesen Ortsnamen reimen sich die zweite und die fünfte Zeile. Ebenso reimen sich die etwas kürzeren Zeilen drei und vier (Reimschema: a-a-b-b-a). In der letzten Zeile kommt es in der Regel zu einer überraschenden Pointe. Hier ein gelungenes Beispiel aus dem Englischen:

*There was a young lady of Riga*
*Who smiled as she rode on a tiger.*
*They came back from the ride*
*With the lady inside*
*And the smile on the face of the tiger.*

Und hier die kongeniale deutsche Übersetzung von Edel-Rapper Bushido:

*Es gab voll die Lady aus Riga*
*Die lachte und ritt auf ein Tiga.*
*Plötzlich machte der „fauch"*
*Ey, war die Lady in Bauch.*
*Und jetzt lachte voll krass der Tiga.*

Sie sehen: Limericks schreiben ist biereinfach. Wenn Bushido es kann, dann kann es jeder. Auch Sie. Und so funktioniert's: Zuerst überlegen Sie sich ein Thema, z. B. *Rente,* dann suchen Sie nach einem lustigen Ortsnamen, der sich darauf reimt, z.B. *Malente,* und wenn Sie dann noch ein Wort finden, was sich auf *Rente* und *Malente* reimt, kann's schon losgehen. Der fertige Limerick könnte dann z.B. so aussehen:

*Es war mal ein Mann aus Malente*
*Der wartete auf seine Rente.*
*In der Zeitung da stand:*
*,Die Renten sind sicher.'*
*Doch das war vermutlich 'ne Ente.*

Haben Sie's bemerkt? Richtig, in der dritten und vierte Zeile war der Reim etwas holprig. Aber vielleicht können *Sie* es ja besser. Wenn Ihnen die Wörter *Rente, Ente* und *Malente* zu ernst vorkommen, dann versuchen Sie es mal mit *Meikel, heikel* und *Wanne-Eickel*. Das wird bestimmt ein Kracher! Hier haben Sie Platz für Ihren eigenen Limerick. Viel Spaß!!!

Limerick von . . . . . . . . . . . . . . . . . . . . .

– – – – – – – – – – – – – – –
– – – – – – – – – – – – – – –
– – – – – – – – – – – – – – –
– – – – – – – – – – – – – – –
– – – – – – – – – – – – – – –

Na? Haben Sie sich die Lachtränen schon aus dem Gesicht gewischt? Gut, dann können wir jetzt weitermachen. Der Limerick ist als Gedichtform natürlich nicht zwingend. Sie können auch ein anderes Reimschema wählen, z. B. a-a-b-b-a-a, oder das von der schwedischen Popmusik abgeleitete A-B-B-A. Hessische Väter hingegen benutzen oft das Schema B-a-bb-a. In der Kunstform der Büttenrede hat sich das prädominant jambische Reimschema a-a-b-b-c-c-d-d ausgezeichnet bewährt. Um sich seine enorme Wirkkraft zu veranschaulichen, lesen Sie bitte die folgende Büttenrede über das Alter laut vor, wenn möglich im Duktus eines Mainzer Karnevalisten:

> *Das Alter, das ist eine Phase*
> *Mit starkem Drang und schwacher Blase.*
> *In der Nacht muss man oft raus*
> *Für die Frau ist das ein Graus.*
> *Außerdem hat man viel Zeit*
> *Und tut sich deshalb selber leid.*
> *Gedanken drehen sich im Kreis,*
> *Das Alter ist ein Riesen\*\*\*\*\*\*.*

Genial, oder? Wichtig bei der Büttenrede ist vor allem die Weglassung des Fäkalworts am Ende. Dies steigert den gewollten humoristischen Effekt ins schier Unendliche. Versuchen Sie einmal nach dieser Lektüre, aus Ihrem Renten-Limerick eine Büttenrede zu machen. Das Ergebnis wird Sie umhauen! Ein Gefühl, das Sie sonst nur haben, wenn der Herzschrittmacher ausfällt. Viel Erfolg und / bleiben Sie gesund! (Binnenreim!)

# Berühmte Dementis

## und wie Sie sie im Alltag nutzen können

Der *vorzeitige* Ruhestand wird vor allem von Männern häufig als Demütigung empfunden. In den vorzeitigen Ruhestand wird man meist versetzt, wenn man einen dermaßen gravierenden Fehler begangen hat, dass man unmöglich im Job verbleiben kann. Hier hat es sich vor allem für Politiker als probates Mittel erwiesen, den Fehler einfach zu leugnen, und zwar in Form von dreisten Lügen, oder wie man in politischen Kreisen sagt: Dementis. Ein rhetorisches Mittel, das Sie auch im Alltag hervorragend anwenden können.

Das

### DEMENTI-MODELL BILL CLINTON

ist ein Musterbeispiel für die klassische Salamitaktik:

Stufe 1: *Ich kenne keine Frau namens Monica Lewinsky.*

Stufe 2: *Ach, die Monica Lewinsky, die immer so komische Flecken auf ihrem Kleid hat? Ja, die kenn' ich ...*

**Stufe 3:** *... aber wir hatten keinen Sex. Die war nur Praktikantin an meinem ... sorry, in meinem Stab.*

Auch die folgende Clinton-Variante ist ein leuchtender Stern am Dementi-Himmel:

*Ja, ich habe Marihuana geraucht, aber ich habe nicht inhaliert.*

Eine Mischung aus den beiden Clinton-Varianten kann im Alltag sehr hilfreich sein, zum Beispiel, wenn Ihre Partnerin Sie der Untreue verdächtigt:

**Stufe 1:** *Schatz, ich kenne keine Frau namens Anna.*

**Stufe 2:** *Ach so, du meinst deine Schwester Anna ... die kenn' ich natürlich.*

**Stufe 3:** *Ja, ich habe mit Anna geschlafen. Aber ich hatte keinen Orgasmus.*

Auch der gewiefte Polit-Schlemihl
**KARL-THEODOR ZU GUTTENBERG**
hat sich bei seiner Plagiatsaffäre ganz offensichtlich
an Clintons Salami-Modell orientiert:

**Stufe 1:** *Ich weise die Plagiatsvorwürfe mit aller Entschiedenheit zurück.*

**Stufe 2:** *Okay, ich habe möglicherweise nicht alle Zitate in meiner Doktorarbeit wissenschaftlich korrekt kenntlich gemacht.*

**Stufe 3:** *Ich habe meine Doktorarbeit komplett abgeschrieben. Aber das war ein dummer Zufall.*

Auch die Guttenberg-Variante ist hervorragend für die private Anwendung geeignet. Zum Beispiel, wenn Ihnen Ihre Frau wieder mal irgendein Versäumnis vorgeworfen hat:

Stufe 1:  *Ich weise die Vorwürfe, ich hätte unseren Hochzeitstag schon wieder vergessen, mit aller Entschiedenheit zurück.*

Stufe 2:  *Okay, möglicherweise habe ich dieses eine Mal unseren Hochzeitstag tatsächlich vergessen.*

Stufe 3:  *Es stimmt, ich habe unseren Hochzeitstag neunzehnmal in Folge vergessen. Aber das war ein dummer Zufall.*

Während Guttenberg und Clinton das schrittweise Herauswinden bevorzugen, setzt das
**MODELL UWE BARSCHEL**
auf großes Pathos. Auch dieses Modell lässt sich äußerst effizient bei Beziehungsstress einsetzen. Laden Sie einfach schnell ein paar Journalisten zu einer Pressekonferenz ein, und teilen Sie Ihrer Partnerin Folgendes über den TV-Schirm mit:

*Dir, der von mir hochverehrten und besten Ehefrau des Landes (Name des Bundeslandes), gebe ich mein Ehrenwort – ich wiederhole: Ich gebe Dir mein Ehrenwort, dass die gegen mich erhobenen Vorwürfe, ich würde mir heimlich Pornos im Internet anschauen, haltlos sind.*

Ihre Frau wird Tränen der Rührung vergießen und Ihnen umgehend verzeihen. Falls nicht, können Sie schon mal Wasser in Ihre Badewanne laufen lassen.

Eine weitere einschlägige Dementi-Variante ist das

### MODELL HELMUT KOHL

Es basiert auf dem Prinzip der beleidigten Leber-
wurst – Vorwürfe gegen die eigene Person werden
stets im Duktus des moralisch tief verletzten Ehren-
mannes gekontert:

*Ich kenne die Namen der Spender, ich verrat' sie
aber nit. Ich hab ihnen mein Ehrenwort gegeben.*

Will sagen: Wer nach einem solchen Statement immer
noch die Namen der Spender wissen möchte, ist
moralisch so integer wie jemand, der einer alten Oma
die Handtasche klaut.

**UNSER TIPP:** Sollte Ihre Frau einmal
hinter *Ihre* Affären kommen, versuchen Sie
es einfach mit dem Modell Kohl:

*Ich kenne die Namen meiner Affären,
ich verrat' sie aber nit. Ich hab ihnen
mein Ehrenwort gegeben.*

Es gibt viele weitere Dementi-Varianten, die im
Alltag durchaus nutzbringend sein können. Das

### MODELL WALTER ULBRICHT
*(Niemand hat vor, eine Mauer zu errichten.)*

basiert auf Lügen mit extrem kurzer Haltbarkeit, das

## MODELL GERHARD SCHRÖDER

auf einer testosterongesteuerten Verleugnung der Realität *(Ich habe die Wahl gewonnen!),* das

## MODELL JOHN F. KENNEDY

auf extrem dreisten Lügen. *(Ich bin ein Berliner.)*
Hier sollten Sie einfach mal probieren, welche Dementi-Varianten sich am besten in Ihre individuellen Problemszenarien einfügen.

Übrigens: Die einzige Berufsgruppe, die in Sachen vorzeitiger Ruhestand noch gefährdeter ist als Politiker, sind Fußballtrainer. Bei diesen ist das folgende Dementi besonders gefürchtet:

*Bei uns steht der Trainer nicht zur Debatte.*
Diese Art des Dementis ist auch als

## MODELL VEREINSPRÄSIDENT

bekannt. Seine besondere Perfidie liegt in seiner großen Mehrdeutigkeit. Denn dieser Satz kann mindestens die folgenden Deutungen beinhalten:

1. Der Trainer bleibt.

2. Der Trainer bleibt auf keinen Fall.

3. Der Trainer bleibt – wenn er auf die Hälfte seines bisherigen Honorars verzichtet.

4. Bei mir und den Kollegen, die ich mir durch regelmäßige Schmiergeldzahlungen gefügig gemacht habe, steht der Trainer nicht zur Debatte. Aber bei allen anderen im Verein.

5. Bei uns wird nicht debattiert, sondern gehandelt, das heißt: Spätestens morgen wird der Versager rausgeschmissen.

6. In unserem Verein ist Höflichkeit Trumpf. Der Trainer muss nicht stehen, wenn wir über seinen Rausschmiss debattieren, er darf sich vorher setzen.

7. Der Trainer steht nicht zur Debatte – sondern längst schon in der Schlange beim Arbeitsamt.

Man sieht: Der enorme Charme dieser Variante liegt in ihrer Vieldeutigkeit. Wenn Ihre Angetraute also nervenderweise mal wieder wissen will, ob Sie sich immer noch darüber freuen, mit ihr verheiratet zu sein, dann sagen Sie zu Ihr:

*Unsere Ehe steht nicht zur Debatte.*

Ihre Frau wird eine Woche lang nicht aus dem Grübeln herauskommen, und Sie haben endlich mal Ihre Ruhe. Herzlichen Glückwunsch!

# DIE TOP 10
## DER BELIEBTESTEN
## FERNSEHSENDUNGEN
## FÜR RUHESTÄNDLER

Als Ruheständler hat man plötzlich viel Zeit, die es gilt, totzuschlagen. Altbewährtes Mittel, um nutzlos Zeit zu verplempern, ist natürlich das Fernsehen. Falls noch nicht vorhanden, besorgen Sie sich also eine Satellitenschüssel, peilen damit alle (!) zu empfangenden Satelliten an, und schon steht Ihnen die Vielfalt von über 100.000 Fernsehkanälen zur Verfügung. Um Ihnen den Weg durch diesen Senderdschungel zu erleichtern und einer durch die ständige Umschalterei drohenden Sehnenscheidenentzündung vorzubeugen, folgt nun eine Empfehlung der beliebtesten Fernsehsendungen für Ruheständler.

**1** Die schönsten Bahnstrecken Sachsens
(Dauer: 180 Minuten, MDR)

**2** Die schönsten Bahnstrecken Sachsens – Directors Cut
(Dauer: 684 Minuten, MDR)

**3** Die schönsten Bahnstrecken
Sachsens – Nicht gezeigte Szenen
(Dauer: 1.478 Minuten, MDR)

**4** Making-of: Die schönsten
Bahnstrecken Sachsens
Mit dreistündigem ungekürzten Interview des
verantwortlichen Redakteurs und Blick hinter
die Kulissen.
(Dauer: 394 Minuten, MDR)

**5** **Hitler und die schönsten Bahnstrecken Sachsens**
Themenabend mit Guido Knopp. (18-teilige Serie, Dauer des ersten Teils: 240 Minuten, ZDF)

**6** **Testbild**
Standfoto des Bahnkilometers 23 der stillgelegten Eisenbahnstrecke Chemnitz–Zwickau. (Dauer: beliebig, ASTRA TESTKANAL)

**7** **Hart aber fair Spezial: Die schönsten Bahnstrecken Sachsens – Wird der Steuerzahler für ihre Instandhaltung abgezockt?**
Mit Renate Künast, Gregor Gysi, Guido Knopp und Jim Knopf als Experte. (Dauer: 120 Minuten, ARD)[*]

**8** **DSDSBS – Deutschland sucht die schönste Bahnstrecke Sachsens**
Mit Renate Künast, Gregor Gysi, Guido Knopp und Jim Knopf als Juroren. (Dauer: 180 Minuten, RTL)

---

[*] Zum selben Thema siehe auch *Anne Will, Günther Jauch, Menschen bei Maischberger* und *Maybrit Illner.*

**9  Einsatz auf zwei Gleisen Spezial**
Tine Wittler macht die schönsten Bahn-
strecken Sachsens noch schöner.
(Dauer: 180 Minuten, RTL)

**10  Das literarische Duett**
Elke Heidenreich und Helmut Karasek lesen
aus dem Kursbuch der Deutschen Bahn.
Thematischer Schwerpunkt: Sachsen.
(Dauer: 360 Minuten, 3SAT)

Falls Ihnen die empfohlenen Sendungen zu nerven-
aufreibend sind oder Sie so wenig Rente bekommen,
dass Sie sich weder eine Satellitenanlage, geschweige
denn einen Fernseher leisten können, folgt hier ein Tipp
für den versierten Handwerker und Hobby-Fernseh-
produzenten. Schneiden Sie in einen großen Karton ein
Loch in der Größe eines Bildschirms. (Ruhig groß. Hier
können Sie es richtig krachen lassen. Der Unterschied
zwischen 24 Zoll und 56 Zoll Bildschirmdiagonale
wirkt sich hier nicht so eklatant auf die Anschaffungs-
kosten aus wie bei einem echten Gerät.) Platzieren Sie
Ihren selbst gebauten Fernseher an einem Ort Ihrer
Wahl, und warten Sie, bis es dunkel wird. Schalten Sie
jetzt das Licht aus, und genießen Sie die Premiere Ihrer
ersten selbst produzierten Fernsehsendung: *Die schönsten Bahnstrecken Sachsens bei Nacht.* Wir wünschen
gute Unterhaltung!

# LEXIKON

**SILVER AGER** *(engl., auch* Best Ager *oder* Third Ager*)*

1. Ewiger Silbermedaillengewinner oder ewiger Zweiter (siehe auch → Jürgen Hingsen und → Bayer Leverkusen).
2. Betagter, aber sexuell immer noch aktiver Anführer einer Gorilla-Herde, auch Silberrücken genannt (Siehe dazu auch: → Long Dong Silver. Ehemaliger Pornodarsteller. L.D.S. war zwar kein Silver Ager, aber trotzdem sehr aktiv).
3. Eine ältere Person (mindestens über 50), die u. U. schon graue Haare hat, aber dennoch sehr aktiv ist. Ein Silver Ager ist zahlungskräftig und hat noch viel vor in seinem Leben. Sehr viel.

## EIN GANZ NORMALER MONTAG IM LEBEN DES SILVER AGERS RUTHART F. (78)

### VOR DEM RENTENBEGINN

| | |
|---|---|
| 06:00 | Aufstehen, Waschen, Frühstücken (Brötchen und Kaffee) |
| 07:00 | Arbeiten |
| 17:00 | Vor der Glotze hängen und dabei ungesundes Zeug in sich reinstopfen |
| 23:00 | Pennen |

# NACH DEM RENTENBEGINN

**06:00** Aufstehen,
Hatha-Yoga

**06:20** Morgensex mit
Inge (*Der betörende
Schmetterling,
Kamasutra Nr. 10*)

**06:30** veganes Frühstück
mit Vollkorn-Dinkelbrot
und grünem Tee, währenddessen Termin
für die Premiere der Seniorenrockband auf
Facebook posten

**07:00** Brain Gym und in das neue Buch von
Richard David Precht reinhören (mp3)

**07:30** Zu Jens und Sabine♡ radeln, Finn-Lennart♡♡ mit
dem Waveboard zum Waldkindergarten
(10 km) bringen

**08:00** freiwillige Blutspende beim
Deutschen Roten Kreuz

**08:30** 10 km joggen, Vorbereitung auf
Senioren-Ironman (Hawaii)

**09:30** Begrüßungsrede beim Transsexuellen-Brunch
des Ortsverbands der Grünen

**10:00** Lebensmittel im
Bio-Supermarkt einkaufen

---

♡ Rutharts Sohn und Schwiegertochter

♡♡ Rutharts Enkel

| 10:30 | IKEA, Kauf der neuen Einbauküche für Jens und Sabine |
| 11:30 | Kochen nach Buch (*Vegetarische Gerichte für besseren Sex*) |
| 12:30 | Mittagessen mit Inge |
| 13:00 | Powernap |
| 13:05 | Quickie mit Inge (*Der glühende Wacholder, Kamasutra Nr. 24*) |
| 13:10 | Neue Einbauküche bei Jens und Sabine aufbauen, anschl. Küche wegen fehlender Schrauben demontieren und gesamte Küche zu IKEA zurückbringen |
| 14:30 | Finn-Lennart vom Kindergarten abholen und zum Klavierunterricht bringen |
| 14:45 | Hotel in den chilenischen Anden online buchen |
| 14:50 | Mental-Training für Weltrekordversuch im Drachenflug (Route über die chilen. Anden im Kopf durchgehen, zu Henry-Maske-Hymne aus *Conquest of Paradise*) |
| 15:00 | Im Regionalexpress zu Sandra und Jörg, im Zug mp3: *Mehr Ruhe im Alltag – Wie nutze ich meine Zeit effektiver?* Bela zum Kindergeburtstag ins Spaßbad bringen, dort Anfänger-Schein im Apnoe-Tauchen machen, anschl. zurück. Vom Bahnhof aus Nordic Walking zum Mantra-Treffen im buddhistischen Zentrum, dort Sex mit Inge (*Die elektrisierende Rutsche, Kamasutra Nr. 51*) |

**17:30**   Teilnahme an Demo gegen die Verschleppung der Energiewende

**18:00**   Salsa-Kurs im Bürgerzentrum. In der 10-minütigen Pause Ex-Frau treffen, über alte Zeiten reden

**18:45**   Abendessen, währenddessen Eintrag in den eigenen Senioren-Blog

**19:15**   Zu Jens und Sabine radeln, Finn-Lennart zu Bett bringen und vorlesen

**19:55**   Jährlicher Besuch bei meinem besten Freund Wolfgang

**20:00**   Freeclimbing-Einheit als Vorbereitung für die Himalaya-Expedition (Gipfelbesteigung K2), währenddessen in das neue Buch von Paolo Coelho reinhören

**20:30**   Bei Greenpeace Vortrag zum Thema *Entschleunigung* halten. Falls keine Zuhörer erscheinen: Wirbelsäulengymnastik. Dabei überlegen, warum es immer noch kein englisches Wort für Wirbelsäulengymnastik gibt

**21:00**   Probe interreligiöser Oberstimmen-Chor, anschl. 5 Min. geselliges Beisammensein

**21:55**   Sex mit Inge (*Der Propeller der Leidenschaft, Kamasutra Nr. 36*), währenddessen zwangloser Austausch über gesellschaftlich relevante Themen

**22:00** Bauch-Beine-Po, währenddessen mp3 hören:
15 Min. *Chinesisch für Anfänger* und 15 Min.
*Mentaltraining für Extrembergsteiger*

**22:30** Aufs Klo gehen, dabei das neue Buch von
Eckart von Hirschhausen lesen

**22:45** Hatha-Yoga mit erstem Versuch, das absolute Nichts
zu denken. Falls dies scheitert, das neue Buch des
Dalai Lama querlesen

**23:15** Zähne mit anthroposophischer Meersalz-Zahncreme
putzen, ayurvedische Ingwer-Meerrettich-
Nachtcreme auftragen

**23:30** Powerstretching

**23:50** Quickie mit Inge (*Die Liebes-Brezel, Kamasutra
Nr. 62*)

**00:00** Schlafen mit der Endlos-mp3 *99 Tipps gegen
Langeweile im Alter*

# Songs

## FÜR JEDEN ANLASS

Je älter Sie werden, desto verrücktere Dinge passieren Ihnen? Und immer öfter fehlen Ihnen dann einfach die Worte? Da haben wir einen Tipp: Was immer Sie der Welt mitzuteilen haben – singen Sie es einfach! Das macht Laune und erregt garantiert die Aufmerksamkeit Ihrer Zuhörer. Hier eine Auswahl geeigneter Songs:

| | |
|---|---|
| Anlass: | Sie feiern Doppeljubiläum – 50 Jahre Raucher, davon jetzt 10 Jahre Dauerkeuchhusten. |
| Song: | **LOCOMOTIVE BREATH** von Jethro Tull |
| Anlass: | Ihre Frau hat sich durchgesetzt mit den Worten: „Jetzt, wo du in Rente bist und Zeit hast, gibt's keine Ausrede mehr – jetzt musst du endlich mal mit in die Oper!" |
| Song: | **KOPFÜBER IN DIE HÖLLE** von den Ärzten |
| Anlass | Sie bemerken die ersten Anzeichen einer Blasenschwäche – ausgerechnet während einer Opernaufführung, mitten im Parkett, hundert Meter entfernt vom nächsten Ausgang. |
| Song: | **URGENT** von Foreigner |
| Anlass: | Die Anzeichen für eine Blasenschwäche haben sich verdichtet. |
| Song: | Je nach Temperament wahlweise **LOST IN THE FLOOD** von Bruce Springsteen, **RIVER OF HAPPINESS** von Dolly Parton oder **ICH STEH IM REGEN** von Zarah Leander |

**Anlass:** Sie und Ihre Frau haben von den Küchlein gegessen, die Ihre Tochter und ihr langhaariger neuer Freund aus Amsterdam mitgebracht haben.

**Song:** **MAGICAL MYSTERY TOUR** von den Beatles

**Anlass:** Ihr Urologe stellt Ihnen die peinlichste aller Fragen: „Wann hatten Sie zum letzten Mal eine Erektion?"

**Song:** **VERDAMP LANG HER** von BAP

**Anlass:** Die anschließende Behandlung durch Ihren Urologen war erfolgreich.

**Song:** **FRAU ICH FREU MICH**, ebenfalls von BAP

**Anlass:** Sie haben sich erweichen lassen und begleiten Ihre Frau zum Tanzabend im Gemeindezentrum.

**Song:** **EVACUATE THE DANCEFLOOR** von Cascada

**Anlass:** Ihr Hausarzt hat Sie vor die Wahl gestellt – Diabetes Typ 2 oder eine Diät. Jetzt starren Sie trübselig auf den Teller vor Ihnen.

**Song:** **MEIN ACHTEL LORBEER-BLATT** von Reinhard Mey

# Kurzkrimi zum Mitraten

Kommissar Jeff Carter war stinksauer. Ausgerechnet kurz vor dem Beginn des Eröffnungsspiels der Fußball-WM musste er zu einem Tatort. Dort angekommen, konnte er jedoch ein Lächeln nicht unterdrücken. Der Tote, der 66-jährige John Foster, saß mit weit aufgerissenen Augen in einem großen Ledersessel und hielt einen Zettel in der Hand. „Hatte er einen Sechser im Lotto und vor lauter Freude einen Herzinfarkt gekriegt?", fragte Carter schmunzelnd seinen Assistenten Bill Smith. „Herzinfarkt ist korrekt, aber er hat ihn sicher nicht vor Freude bekommen. Der Zettel in seiner Hand ist sein Rentenbescheid."

Carter warf einen Blick auf das amtliche Papier. „Nur 120 Mäuse im Monat? Der Rentenbescheid hätte mich auch umgebracht. Hatte er sonstige Geldquellen?"

„Nein", antwortete Bill, „aber wir haben eine Lebensversicherungspolice gefunden – über dreihundert Mille."

Carter pfiff durch die Zähne. „Und wer ist der Nutznießer? Fosters Witwe?"

Bill nickte. „Sie wusste natürlich, dass ihr Mann chronisch herzkrank war. Dass es Mord war, ist trotz-

dem unwahrscheinlich. Sie hat den Rentenbescheid ja schließlich nicht ausgestellt."

„Das stimmt", erwiderte Carter und schaute sich im Wohnzimmer um. Sein Blick blieb an einer hellen, dunkel umrahmten Stelle an der Wand gegenüber des Toten hängen.

Kurz darauf befragte Carter die in Tränen aufgelöste Witwe. „Dieser große rechteckige Fleck an der Wand im Wohnzimmer, was hat es damit auf sich? Hing da mal ein Bild?"

„Nein", antwortete Frau Foster und schnäuzte laut in ein Taschentuch, „unser 16:9-Fernseher. Heute Morgen, während der 10-Uhr-Nachrichten, ging er plötzlich kaputt. Als wäre es ein Omen für den Tod meines Mannes gewesen … Kurz darauf hat der Mechaniker ihn abgeholt." Carter schaute sie irritiert an. „Den Fernseher", fügte Mrs. Foster erklärend hinzu. „Und dann kam der Postbote mit diesem elenden Brief …"

Carter nickte. „Tja, Mrs. Foster, das ist wirklich eine rührende Geschichte. Aber ich glaube Ihnen kein Wort. Die Nummer mit dem Rentenbescheid ist nur vorgetäuscht. Sie haben Ihren Mann umgebracht, um das Geld von der Versicherung zu kassieren."

Welche Details von Mrs. Fosters Geschichte hatten Jeff Carter stutzig werden lassen?

## LÖSUNG:

Mrs. Foster hatte sich mit der Aussage verraten, der Mechaniker habe den angeblich defekten Fernseher noch am selben Tag abgeholt. Dies musste eine Lüge sein. Kein Handwerker auf der ganzen Welt kommt an dem Tag, an dem man ihn ruft. Weil sie den teuren 16:9-Fernseher behalten wollte, hatte Mrs. Foster das Gerät heimlich verschwinden lassen. Ihrem Mann erzählte sie, der Fernseher sei ihr beim Putzen heruntergefallen und der Bildschirm in tausend Stücke zerbrochen. Mrs. Foster wusste genau, dass ihr herzkranker Gatte diese Nachricht so kurz vor der Fußball-WM nicht überleben würde. Den Zettel mit dem Rentenbescheid hatte sie ihrem Mann nachträglich in die Hand gedrückt, um von ihrer Tat abzulenken.

# Ruheständler fragen –
## WIR ANTWORTEN

W. BRUCHMANN AUS S. FRAGT:

*Es heißt ja immer, im Ruhestand hätte man endlich Zeit, etwas Sinnvolles zu tun. Seit nunmehr sechs Jahren befinde ich mich im Ruhestand. Und seit nunmehr sechs Jahren sitze ich jeden Tag 14 Stunden lang an meinem Küchentisch und überlege, was zum Teufel denn nun sinnvoll wäre. Jetzt denke ich, dass die ganze Nachdenkerei über Sinn und nicht Sinn nicht sinnvoll ist. Auch frage ich mich, ob es wirklich sinnvoll ist, diesen Leserbrief zu* schreiben und abzuschicken. Ich denke nämlich, Sie werden den Brief wahrscheinlich sowieso nur in einem Witzebuch abdrucken, und dann lachen alle über mich. Was meinen Sie? Mache ich mir zu viele Gedanken?

## ANTWORT DER AUTOREN

Die Frage, ob etwas sinnvoll ist oder nicht, lässt sich so einfach nicht beantworten. Es hängt auch immer vom Standpunkt ab. Für Sie mag Ihr Brief sinnlos sein. Für uns ist er das ganz und gar nicht, weil wir sehr viel Spaß damit hatten. Vielen Dank noch mal für die vergnügliche Zeit! Und wenn Sie weitere Probleme haben (sexuelle Dysfunktion, Inkontinenz oder ähnlich peinliche Angelegenheiten), scheuen Sie bitte nicht davor zurück, uns dies wissen zu lassen. Selbstverständlich können Sie sich dabei unserer Diskretion sicher sein.

# Überleben in der Oper

Ihr Vater hatte es Ihnen damals schon gesagt: „Junge, irgendwann beginnt auch für dich der Ernst des Lebens!" Mit diesen Worten im Ohr stürzten Sie sich voll schlimmer Vorahnungen ins Berufsleben – aber mit der Hilfe einiger jahrhundertelang erprobter Stressvermeidungsstrategien wurde die Sache dann doch nicht so ernst. Jetzt ist der Ruhestand gekommen, und Sie müssen erkennen, dass Ihr Vater damals nicht vom Job geredet hatte, als er Sie warnte, sondern von der Zeit danach: Nun nämlich schützt keine Ausrede mehr davor, Ihre Frau an Orte begleiten zu müssen, die nur zu dem Zweck errichtet wurden, um Menschen wie Sie – also Männer – zu quälen: Museen, Ausstellungshallen, vor allem aber Opernhäuser.

Hier unser kleines Kompendium, damit Sie sich im Dschungel des Musiktheaters zurechtfinden.

OPER, DIE: Überflüssige Kunstform, bei der eine eh schon unverständliche Bühnenhandlung noch dadurch verkompliziert wird, dass die Darsteller ihren Text – ohne erkennbaren Grund – singend vortragen. Die männliche Hauptfigur erkennen Sie üblicherweise daran, dass sie am meisten singt. Die weibliche Hauptfigur erkennen Sie daran, dass sie zum Schluss stirbt.

**ABONNEMENT, DAS:** Das kulturelle Äquivalent zu einem Raubüberfall mit Geiselnahme. Nur dass eine Geiselnahme normalerweise mit weniger Schrecken verbunden und schneller vorbei ist. Und kein SEK wird auf der Bildfläche erscheinen und Sie da rausballern – Sie sind ganz auf sich allein gestellt. Vorsicht, hier ist mit dem Auftreten des sogenannten Stockholm-Syndroms zu rechnen, bei dem sich die Opfer nach einiger Zeit mit den Tätern identifizieren. Sollten Sie sich dabei beobachten, dass Ihnen Sätze wie „Mir gefiel die Hauptrolle mit ihrem samtgolden gefärbten Mezzosopran voll wunderschönem, lichtem Timbre und präziser Agilität" glatt von der Zunge gehen, ist es vermutlich bereits zu spät: Man hat Sie umgedreht.

**PAUSE, DIE:** Wurde erfunden, um den Opernbesuch überhaupt erträglich zu machen. Hier bietet sich die Gelegenheit, durch den Genuss mehrerer Gläser

Alkohol (im Opernjargon „Sekt" genannt) die verbleibenden Akte hinter einem wohlig vernebelten Schleier verschwinden zu lassen. Risikofaktor: Die Konversation mit den Bekannten Ihrer Frau. Hier lauern unzählige Fallstricke, denn man wird Ihnen Fragen über die Handlung stellen – dabei hätten Sie dem Inhalt der Werke selbst dann nicht folgen können, wenn er Ihnen nicht in einem unverständlich herausgeknödelten italienischen Kauderwelsch nahegebracht worden wäre. Damit Sie sich nicht komplett blamieren, hier für Sie unser

## ❚ ❚ KLEINER OPERNFÜHRER: ❚ ❚ ❚ ❚ ❚ ❚

### RIGOLETTO

Oper von Verdi. Mit dem Song aus der „Choco Crossies"-Werbung. Vorsicht, hier ist nicht der gut aussehende Jüngling die männliche Hauptfigur, sondern der hässliche Zwerg. Die weibliche Hauptfigur stirbt zum Schluss.

Bei der Konversation sollten Sie folgenden Satz unbedingt vermeiden, auch wenn es schwerfällt: „Rigoletto, ist das nicht dieser italienische Abwehrspieler, höhöhö?"

## LOHENGRIN

Oper von Wagner. Die weibliche Heldin wird vom Gralsritter Lohengrin gerettet und heiratet diesen. Als sie ihn in der Hochzeitsnacht – zugegebenermaßen ziemlich verspätet – fragt, wer er eigentlich ist, verschwindet Lohengrin, und die Heldin – wir sind am Ende der Geschichte – stirbt.

Vorteil: Diese Oper könnte eine pädagogische Wirkung bei Ihrer Frau erzielen, wird hier doch eine Welt porträtiert, in der Frauen, die zu viel fragen und damit nerven, keine Überlebenschance haben.

Risikofaktor: Der Held Lohengrin hat seinen Auftritt, indem er von einem großen Schwan über einen See transportiert wird. Versuchen Sie unbedingt ernst zu bleiben, und vermeiden Sie zu diesem Zweck den ansonsten obligatorischen Sektgenuss in der Pause.

# MADAME BUTTERFLY

Oper von Puccini. Ein amerikanischer Soldat zeugt ein Kind mit der titelgebenden Exotin und lässt sie dann zurück. Damit inspiriert er Generationen von Prominenten, wie Boris Becker, Francois Mitterand, Tiger Woods und Arnold Schwarzenegger. Die weibliche Hauptfigur überlebt die Geschichte nicht: Am Schluss stirbt sie.

# TRISTAN UND ISOLDE

Oper von Wagner. Tristan und Isolde trinken ein Gift, erwischen dabei aber – zum Leidwesen des Zuschauers – einen Liebestrank. Dies führt zu weiteren zwei Akten, in denen die beiden sich lieben und allen anderen damit auf die Nerven fallen, bevor einer der Beteiligten schließlich ein Einsehen hat und Tristan erdolcht. Danach ist die Geschichte an ihrem Ende angelangt, was man daran merken kann, dass nun auch Isolde stirbt.

# CARMEN

Oper von Bizet. Die Titelheldin, eine Zigeunerin, spielt mit den Männern und zahlt dafür einen hohen Preis: Sie stirbt am Schluss. Risikofaktor: Die schmissige Arie *Auf in den Kampf, Torero* hat schon viele Unvorsichtige dazu animiert, lauthals mitzuschmettern, allerdings mit dem abgeänderten Text „Auf in den Kampf, die Schwiegermutter naht". Auch hier ist also von Sektgenuss in der Pause dringend abzuraten.

## LA BOHÈME

Oper von Puccini. Vier junge Männer, die sich als Künstler fühlen, und eine Frau hängen in ärmlichen Wohnungen herum. Damit würden Sie ewig weitermachen, werden aber dadurch davon abgehalten, dass die Geschichte plötzlich zu Ende ist, weil die Frau stirbt. Vorsicht: Diese Oper könnte Sie doppelt deprimieren, da das Werk Sie an das verpfuschte Leben Ihres missratenen Sohnes und seiner ebenso missratenen Kumpels erinnert.

## DER BARBIER VON SEVILLA

Oper von Rossini. Versuchen Sie gar nicht erst, die Handlung zu durchschauen – eine verwirrende Vielzahl von Personen will sich gegenseitig reinlegen, verkleidet sich, versteckt sich voreinander und singt dabei. Die Hauptfigur ist Figaro, erkennbar daran, dass er „Figaro hier, Figaro da" singt. Besonders verwirrend: Sämtliche weibliche Figuren überleben.

## Weniger nervige Formen des
## MUSIKTHEATERS

**OPERETTE, DIE:** Abgemilderte Form der Oper. Das Anschauen wird dadurch erleichtert, dass die Darsteller zwischendurch reden und mit dem Singen pausieren. Die Musik ist eingängiger, und es sterben auch selten Figuren, noch nicht einmal Frauen.

**MUSICAL, DAS:** Sonderform der Operette. Falls Sie merken, dass Ihnen Musicals gefallen (und darüber hinaus feststellen, dass Sie sich immer mehr für geschmackvolle Innendekoration und die kommende Frühjahrsmode interessieren), dann sollten Sie in Erwägung ziehen, doch noch ein Abonnement zu erwerben – und sich von Ihrer Frau zu trennen.

# Berühmte Ruheständler

In den Ruhestand zu gehen heißt nicht automatisch, von der Welt vergessen zu werden, ins soziale Abseits zu geraten oder sonst wie überflüssig zu sein (auch, wenn Sie sich vielleicht gerade so fühlen). Die jüngere Geschichte zeigt, dass es durchaus möglich ist, auch nach dem Ende der beruflichen Laufbahn Entscheidendes zu bewegen, Impulse zu setzen, gar die Welt zu ändern und damit unvergessen, ja für immer unsterblich zu werden. Hier eine Auswahl prominenter Pensionäre, die genau dies geschafft haben.

Lothar Matthäus. Warum Matthäus seine Fußballschuhe an den Nagel hing, mag nicht ganz einleuchten. Schließlich stand er mit seinen Frauen Joanna, Ariadne, Liliana, Marijana, Maren, Lolita, Silvia und Rosi kurz davor, seine eigene Elf zusammenzustellen. Drei hätten noch gefehlt und Matthäus' Traum wäre in Erfüllung gegangen: der Trikot-Tausch. Nichtsdestotrotz machte er erst nach Ende seiner Karriere *richtig* Karriere. Als Philosoph: „Ich bin nicht derjenige, der den Sand in den Kopf steckt." Als Kosmopolit: „Ich kann bald so gut Englisch, dass mich jeder Deutsche versteht." Oder auch als Mediziner: „Ich habe gleich gemerkt, das ist ein Druckschmerz, wenn man draufdrückt." Doch erst nachdem er mit seiner Soap *Lothar – Immer am Ball* einen Meilenstein der deutschen Fernsehunterhaltung aus seinem Großhirn meißelte, wurde er zu dem, was er heute ist: Deutschlands Komiker Nummer eins.

Boris Becker, auch Bum-Bum-Boris. Der Tennis-Mozart aus Leimen wurde von der Welt erst richtig zur Kenntnis genommen, nachdem er seinen letzten Schläger zerbrochen hatte. Für immer unvergessen ist sein Beitrag zur wissenschaftlichen Untersuchung des Neuen Testaments, indem er in einer Art Selbstversuch den Beweis erbringen wollte, dass unbefleckte Empfängnis durchaus möglich ist. Der von ihm

kreierte Begriff „Samenraub" fand sogar den Weg in den Duden! Sauber!

Wladimir Iljitsch Uljanow – besser bekannt als Lenin – ging 1924 im Alter von 53 Jahren in den finalen Ruhestand und erlangte erst anschließend weltweite Berühmtheit. Es gibt kaum einen Rentner, der nach Beenden seiner beruflichen Karriere so viel Besuch bekommt wie Lenin. Jeden Tag empfängt er in seinem Altersruhesitz auf dem Roten Platz Hunderte von Verehrern. Das schafft noch nicht mal der Papst! Trotz dieses gewaltigen Besucheransturms muss Lenin sich um nichts großartig kümmern. Er wird einmal im Jahr gewaschen und bekommt alle drei Jahre einen neuen Anzug. Damit verhält er sich kaum anders als ein normaler deutscher Durchschnittsrentner. Bodenständig und sympathisch!

Bill Gates. Nachdem der Microsoftgründer seinen Chefsessel abgab, stürzte er erstaunlicherweise nicht ab, sondern lebte einfach so weiter vor sich hin. Doch dann machte er etwas, was man vom reichsten Mann der Erde niemals erwartet hätte: Er spendete Geld für wohltätige Zwecke. Und mit einem Schlag wurde Gates etwas, was man erst recht nicht von ihm erwartet hätte: ein Sympathieträger. Das war natürlich eine erhebliche Schlappe für seinen bittersten Konkurrenten Steve Jobs. Doch auch in zwei weiteren Disziplinen schlug Gates den Applegründer. A: Gates war immer noch der reichste Mann der Erde. B: Gates lebt noch.

# Der Paradies-Check

Neulich war wieder so ein Tag: Ihre Gattin kam nass wie ein Pudel zur Tür herein und maulte zum hundertsten Mal: „Himmel, dieses Jahr will das Mistwetter gar nicht mehr aufhören! Man sollte auswandern!" Da kam Ihnen die Erleuchtung: „Wieso reden wir immer nur davon? Wieso tun wir's nicht einfach?" Und damit haben Sie eine Lawine losgetreten. Wolkenloser Himmel, endlose Sandstrände, Supermärkte, in denen alles nur die Hälfte kostet, beherrschen Ihre Gedanken. Aber wohin soll's gehen?

Wir haben die beliebtesten Auswanderungsziele deutscher Rentner einem kleinen Test unterzogen.

# FLORIDA

**Vorteil:** Die Senioren stellen hier die absolute Mehrheit und haben den Staat übernommen. Florida ist die erste Rentokratie der Welt und ganz den Bedürfnissen der über 60-jährigen angepasst: Im Supermarkt kostet ein Dreierpack Infusionsständer kaum mehr als eine Tüte Chips. Auch Defibrilatoren und Treppenaufzüge liegen im Regal nah bei der Kasse, falls man gerade Lust bekommt und einen mitnehmen will.

**Nachteil:** Die berüchtigten Morde an Ausländern durch brutale Straßengangs. Das Problem hat sich inzwischen zwar erledigt – aber das beruhigt Sie Landei, das selbst Kurztrips nach Hamburg oder Berlin nie unbewaffnet angetreten hat, nicht im Mindesten.

Spätestens im Augenblick der Landung werden Sie sich in eine Mischung aus Dirty Harry und Mad Max verwandeln und auf das ballern, was Ihnen verdächtig vorkommt – also mehr oder weniger auf alles. Das ist in Florida zwar erlaubt, aber nur, wenn es sich bei dem Niedergeknallten um einen Latino, einen Asiaten, einen Schwarzen oder einen Abtreibungsarzt handelt. Bei Arabern gibt es sogar eine Prämie.

**Fazit:** Ein regelmäßiger Besuch beim Augenarzt ist Pflicht, sonst erschießt man aus Versehen den Falschen und muss eine gepfefferte Ordnungsstrafe zahlen.

**Vorteil:** Spanien ist sonnig, pittoresk, und die Einge-wöhnung fällt leicht – da Sie das musikalische Gesamt-werk von Cindy und Bert, Jürgen Drews und Mickie Krause auswendig kennen, sind Sie bestens vorbereitet. **Nachteil:** Die Siesta. Sind Sie wirklich reif dafür? Falls Sie zu den Menschen gehören, die selbst beim auto-genen Training Bruce-Springsteen-Songs vor sich hin-summen und im Takt dazu mit den Füßen wippen,

könnten Sie Probleme bekommen. Es gibt Berichte über indische Yogis und buddhistische Einsiedlermönche, die überstürzt ihren Spanienurlaub abbrachen, weil sie die absolute Stille und Ereignislosigkeit der Siesta in den nervlichen Ruin getrieben hatten.

**Fazit:** Spanien ist eher ein Geheimtipp für Phlegmatiker. Falls es sich bei Ihnen um eine Sphinx, eine Mumie oder eine Zementsäule handelt, schlagen Sie zu. Aber achten Sie darauf, wo Sie Ihr Domizil wählen. Nicht ratsam: ein Berggipfel im Sierra-Nevada-Hochgebirge, der Ballermann auf Mallorca und – vor allem für deutsche Rentner – die Stadt Guernica.

## ▪▪▪ THAILAND ▪▪▪▪▪▪▪▪▪▪

**Vorteil:** Hoher Exotikfaktor. Außerdem: Thailand liegt fast 9000 km Luftlinie entfernt. Das bedeutet, dass folgende Sätze der Vergangenheit angehören:

„Hallo, ihr beiden, ich hab einen Zahnarzttermin, es macht euch doch nichts aus, wenn ich morgen Nachmittag die Kleinen zu euch bringe, nicht wahr?"

„Na, lieber Schwager, ist das eine gelungene Überraschung oder nicht?! Keine Angst, in zwei Wochen bin ich wieder weg – wo hast du denn dein Bier?"

„Guten Tag, ich möchte gern über ein wichtiges Thema mit Ihnen sprechen – haben Sie schon einmal über Gott nachgedacht?"[*]

---

[*] Genauer gesagt: Sie können zwar auch in Thailand mit diesem Satz konfrontiert werden – aber Sie werden ihn nicht verstehen. Das macht die Situation erträglich.

**Nachteil:** Die Luftfeuchtigkeit. Sie liegt bei etwa 112 Prozent. Das ist eine gute Nachricht für Sie, falls Sie ein Froschlurch sind, alle anderen haben ein Problem. Diese extremen Bedingungen dauern von Oktober bis Mai. Von Juni bis September gibt es keinen Ärger mit der Luftfeuchtigkeit mehr, denn der nun einsetzende ununterbrochene Regen ist so stark, dass er die Luft vollständig verdrängt.

**Fazit:** Die Preise sind niedrig, und an die dummen Kommentare Ihrer Kumpels zu Hause („Super, jetzt gibt's für dich bestimmt Flatrate auf dem Babystrich?") werden Sie sich schon noch gewöhnen.

# Letzte Worte
## BERÜHMTER MÄNNER

Herbert Zimmermann, Kommentator des
legendären WM-Finalspiels von 1954

>    „Aus! Aus! Aus! Das Leben ist aus!"

Erich Honecker

>    „Die Agonie in ihrem Lauf
>    hält weder Ochs noch Esel auf."

Ernest Hemingway

>    „Muss dringend mal nachsehen, ob
>    ich meine Flinte gesichert habe."

Verhaltensforscher Konrad Lorenz

>    „Gack!"

Boxlegende Max Schmeling

>    „Gong!"

Charles Bukowski

>    „Gluck!"

Ötzi

> „Ich hab' irgendwie so 'n Stechen
> im Rücken. Ich leg mich mal für 'ne
> Sekunde aufs Ohr."

---

Ferdinand Lassalle, Gründungsvater der SPD,
unmittelbar vor dem Pistolenduell mit dem
Liebeskontrahenten Janko von Racowitza

> „Moment mal! Hatten wir nicht
> gesagt, ich hätte den ersten Schuss?"

---

Joachim Schepke, U-Boot-Kommandant im
Zweiten Weltkrieg, nachdem sein Boot im
Atlantik von einem gegnerischen Torpedo
getroffen wurde

> „Irgendwie ist die Luft raus."

---

Neil Armstrong

> „Ich wünsche mir ein
> Standardbegräbnis ohne viel Pomp –
> am Ufer des Mare Tranquilitatis."

---

Steve Jobs

> „Please press cmd+ctrl+eject for
> restart."

# DIE AUTOREN ▮▮▮▮▮▮▮▮▮▮

*Die Autoren dieses Bandes sammelten schon*
*früh erste Erfahrungen im Haifischbecken des*
*Rentnerdaseins: Kaum waren sie im Alter von*
*fünf Jahren unternehmungslustig in die Welt*
*hinausgetreten, erwarben sie für einen Großteil*
*ihres Geburtstagsgeldes strategisch geschickt*
*mehrere Familienpackungen Geleeaprikosen-*
*Fruchtgummis und Pop-Rocks-Brausepulver,*
*die sie dann auf einmal verzehrten.*
*Die nächsten Tage verbrachten sie im Bett,*
*übergaben sich, tranken den ihnen mit Gewalt*
*eingeflößten Kamillentee und überdachten ihre*
*Zukunft. Das Ergebnis: Sie beschlossen einstimmig,*
*als Geleeaprikosen-Fruchtgummi- und Pop-Rocks-*
*Brausepulver-Esser in den Ruhestand zu gehen.*
*Nach diesen ersten wertvollen Erfahrungen war eine*
*steile Karriere als Ruheständler vorprogrammiert.*
*Ein unvergessener Höhepunkt dieses Werdegangs*
*war sicherlich das Wochenende von 13.–15. Juni*
*1993, als die Autoren an der Kreuzung Salstraße*

und Pfeiffergasse in Köln-Poll drei Tage lang
mehr oder weniger bewegungslos herumstanden.
Experten sind sich heute noch einig, dass damals
der „Ruhestand" nicht nur neu definiert, sondern
geradezu revolutioniert wurde.
Heute sind die Autoren bekannt als Schöpfer
bahnbrechender Werke wie „Haarausfall und
Plautze – warum denn erst ab 60? 100 Tips zur
vorzeitigen Annäherung an den Ruhestand"
und „Inkontinenz – leicht gemacht" sowie als
eigentliche Erfinder des Slogans „Österreich ist wie
die Schweiz – nur billiger". Sie beraten außerdem
einige der weltweit wichtigsten Rentner-Refugien:
Mallorca, Florida und das ZDF.
Und schließlich sind sie zusammen 147 Jahre alt,
was ab dem Jahr 2030 das Renteneintrittsalter sein
wird. Das kann kein Zufall sein.

# ACHTUNG: JETZT WIRD'S BÖSE …

Die neue satirische Geschenkbuchreihe
von LAPPAN nimmt Berufe
herrlich garstig auf die Schippe!

ISBN 978-3-8303-4315-8

ISBN 978-3-8303-4316-5

ISBN 978-3-8303-4329-5

ISBN 978-3-8303-4318-9

## TEXTE

PETER GITZINGER, LINUS HÖKE
und ROGER SCHMELZER sind seit
vielen Jahren als Autoren für zahlreiche
Comedyshows im deutschen Fernsehen
tätig. Neben Drehbüchern verfassen sie
Theaterstücke und arbeiten für etablierte
Kabarettbühnen wie *Die Stachelschweine*
und *Die Distel* in Berlin. Linus Höke ist
zudem der Verfasser des Bestsellers *Shades
of hä?*. Alle drei Autoren leben in und um
Köln herum.

## ILLUSTRATIONEN

CHARLOTTE WAGNER studierte
Grafikdesign mit den Schwerpunkten
Illustration und Siebdruck in Dortmund
und Bergen (Norwegen). Mit ihren
heiteren und farbenfrohen Zeichnungen
illustriert sie Bücher, Kolumnen und Spiele
für verschiedene Verlage, bei Lappan
erschien zuletzt *Babys für Einsteiger*.
www.wagner-illustration.de

Das für dieses Buch verwendete Papier aus geprüfter nachhaltiger Forstwirtschaft lieferte Salzer Papier, St. Pölten.

© Lappan Verlag GmbH, Oldenburg 2014

ISBN 978-3-8303-4314-1

Lektorat: Carolin Stanneck | Hans Borghorst

Herstellung | Gestaltung: Monika Swirski

Druck und Bindung: Druckerei Theiss GmbH

Printed in Austria

www.lappan.de